L'enfant de la mer

À Camille, Laure et Antoine
M. G.

Pour Édith
B. P.

Loi n° 49956 du 16 juillet 1949
sur les publications destinées à la jeunesse.

L'enfant de la mer

Michel Grimaud
Bruno Pilorget

Ribambelle
HATIER

1. Une découverte

Ce matin-là, les hommes
de Cap de Chien n'étaient pas
heureux. Une partie de la nuit,
ils avaient sillonné la mer.
Ils avaient lancé des lignes
et des filets partout,
mais ils rentraient de la pêche
découragés, avec des paniers vides.

Ils longeaient la grève au pied du village, sous le grand rocher qui ressemblait si fort à un chien, quand ils firent une surprenante découverte : un nouveau-né tout nu, un garçon aux poings serrés.

La mer l'avait déposé au fond d'un nid de varech et d'étoiles de mer. Il pleurait.

Du sel blanchissait son front,
ses paupières et ses lèvres.
Il était semblable
à n'importe quel fils d'homme,
sauf que sa peau argentée chatoyait
mieux que celle des poissons,
sauf qu'une membrane transparente
reliait les doigts de ses mains
et de ses pieds.

– Quel drôle d'être, dit un pêcheur.
– Quel drôle de poisson,
dit un deuxième.
– Regardez, il porte une nageoire
sur le dos, dit un troisième homme
en prenant le garçonnet dans ses bras.
– Devons-nous le faire frire
ou bien le rejeter à l'eau ?
demanda un quatrième.

Alnoo, le chef du village, se fâcha. Il passait pour un homme raisonnable, habile et de bon conseil.

– Eh quoi ! s'écria-t-il. C'est un enfant de la mer, vous voyez bien ! Un marmot de mer vaut un marmot de terre ; nous allons le garder et nous l'élèverons. Peut-être nous portera-t-il chance lorsque nous l'emmènerons plus tard sur nos barques.

Alnoo prit l'enfant
et le montra à sa femme.
– Ma femme, je n'ai rien pêché
d'autre que ce garçon,
t'en occuperas-tu ?
– Ça, un garçon ?... tu veux rire !
J'ai assez des miens qui sont
de vrais enfants roses et blonds,
pas des demi-poissons.

Alnoo fit le tour des maisonnettes
pour proposer l'enfant de la mer
dans les autres foyers.
Les femmes venaient le voir
par curiosité, mais elles se récriaient
à l'idée de s'en occuper.
L'une craignait de se blesser
sur la nageoire, l'autre refusait
de toucher la peau argentée,
une autre encore frissonnait
devant les mains et les pieds palmés.

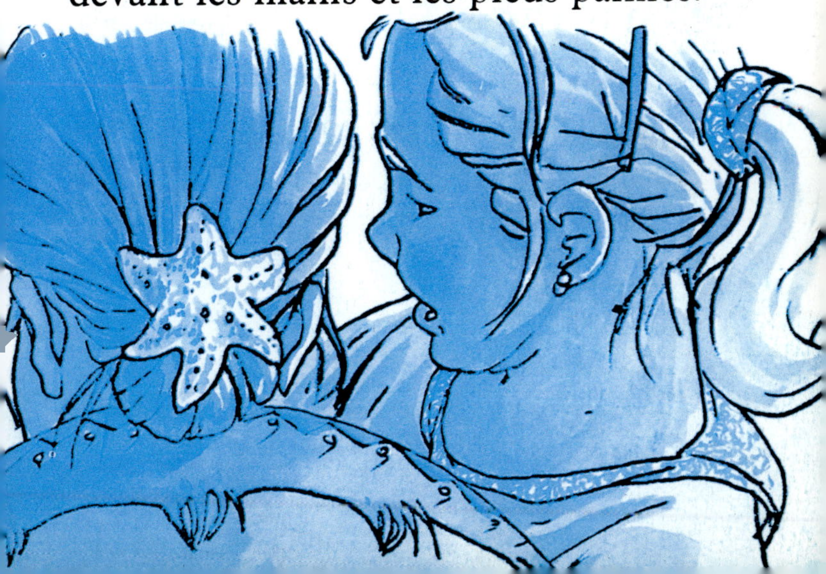

Enfin, il ne resta à visiter
que la vieille Cazel. Elle vivait seule
parce qu'elle était sans famille.
– Et toi, Cazel, demanda Alnoo,
prendras-tu soin de cet orphelin
dont personne ne veut ?
– Le bel enfant ! s'écria Cazel.
Il brille comme l'argent,
donne-le-moi, un fils étranger,
c'est mieux que pas de fils du tout.

2. Les cadeaux de la mer

La nuit suivante, la rumeur de la mer tint les gens de Cap de Chien éveillés fort tard. Elle ne grondait pas de sa voix de tempête, non, c'était comme si chaque vaguelette se retournait vers sa voisine pour lui parler.

– Il y a réception chez les poissons,
dors et tu verras tout,
dit une mère à sa fille.
– Parfois, la mer se lasse
d'être mouillée, alors elle s'ébroue,
répondit un homme à son épouse
qui le questionnait.

Et Alnoo, dans sa maison
de coquillages que les vents
n'ébranlaient jamais, pensa :
« Voici que la mer a un coup de lune!

Le jour venu, les villageois découvrirent la grève jonchée de poissons et de fruits de mer. À perte de vue, les bêtes de l'eau frétillaient, elles frémissaient des antennes, claquaient des pinces, tortillaient du tentacule ou se claquemuraient au fond de leur coquille.

– C’est la mer qui nous remercie de recueillir son fils ! dit Alnoo très joyeux. Nous n’aurons pas besoin de sortir les barques aujourd’hui.

Il suffit en effet aux pêcheurs de se baisser pour remplir les marmites et aussi les corbeilles qu’ils emportèrent au marché de la ville.

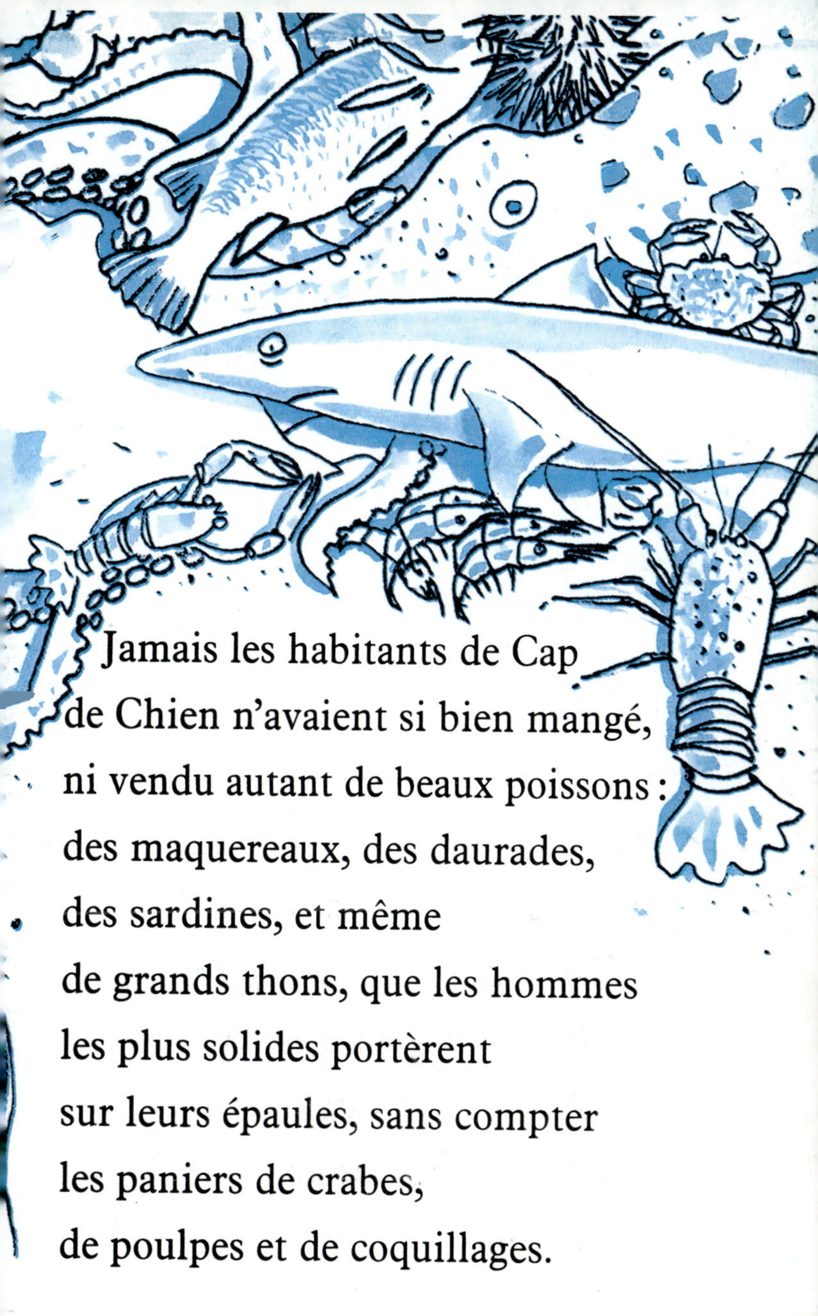

Jamais les habitants de Cap
de Chien n'avaient si bien mangé,
ni vendu autant de beaux poissons :
des maquereaux, des daurades,
des sardines, et même
de grands thons, que les hommes
les plus solides portèrent
sur leurs épaules, sans compter
les paniers de crabes,
de poulpes et de coquillages.

Quand la vieille Cazel sortit
ce soir-là pour prendre le frais
devant sa porte, avec l'enfant
de la mer dans ses bras,
les autres femmes vinrent la voir :
– C'est un gentil garçon
que tu as, Cazel, soigne-le bien.
– Et sage aussi, plus sage que le mien !
– Je trouve sa peau d'argent très jolie.
– Cette nageoire sur le dos,
on s'y fait après tout...
– Au moins, avec ses mains
et ses pieds palmés,
il ne risquera pas de se noyer
quand il accompagnera
nos hommes à la pêche plus tard !
– Il faudrait lui donner un nom !

– Il s'appelle Fado, coupa Cazel un peu sèchement, car elle devinait que ces femmes n'étaient pas sincères.

Elle rentra chez elle,
les autres l'imitèrent. Bientôt
les villageois se couchèrent,
et tout le monde pensa à regret
qu'on ne vivrait pas deux fois
une journée pareille.

Cependant, le lendemain, la plage
fut de nouveau couverte de poissons.
Les pêcheurs se réjouirent :
– La mer est contente, nous aussi !

– J'ai toujours pensé qu'il faut vivre en bonne entente avec elle, dit Alnoo. Son garçon sera chez nous comme s'il était le nôtre.

– Eh là ! Faudra-t-il aussi un jour lui donner une de nos filles à marier ?

Alnoo haussa les épaules et répondit :

– Quelle fille raisonnable voudrait d'un mari avec une nageoire sur le dos ?

Et puis le lendemain encore,
et tous les jours qui suivirent,
les gens de Cap de Chien
ramassèrent leur pêche sur la grève.
Alors Alnoo déclara :
– Mes compagnons, je crois
que la mer nous offrira du poisson
tant que nous nous occuperons
de son fils.

3. Les jeux de Fado

L'enfant grandit. Des dents de nacre lui poussèrent, ainsi que des cheveux bleus, et il se mit à marcher sur ses pieds palmés.

– Les autres m'appellent Grenouille, ma mère.

Ses yeux verts devenaient gris de colère lorsque les gamins se moquaient de son corps étrange.

– Laisse-les dire, murmurait Cazel. Tu es le plus bel enfant du monde.

Fado descendit un jour à la plage avec les enfants du village. Pour la première fois, il entra dans la mer. Il se sentit à l'aise tout de suite et, alors que ses compagnons restaient près du rivage, il suivit à la nage des poissons rouges qui passaient par là. Les autres essayèrent de l'imiter, mais ils barbotaient sans avancer, ils s'éclaboussaient et faisaient un bruit du diable, tandis que Fado filait en silence vers le large.

Alnoo aperçut les enfants
à ce moment.
Il les rappela et les gronda :
– Êtes-vous des sardines ou des
anchois pour vous éloigner ainsi ?
Laissez Fado s'amuser seul
avec ses parents de la mer.

Fado grandit encore.
Il alla souvent jouer au milieu
des animaux marins, car à terre
il n'avait pas de vrais amis. Il apprit
à siffler dans la langue des dauphins,
une baleine lui enseigna
de vieux chants de son peuple.
Il sut aussi danser avec les pieuvres
et chasser avec les requins.

Pendant ce temps, la mer continuait de répandre ses cadeaux sur la grève. Les gens s'y habituaient peu à peu et, le soir, on entendait dans les maisons des conversations comme celle-ci :

– Que mangerons-nous demain, mon homme ? Du homard, de la langouste ?

– Pouah ! Encore ces nourritures délicates. Laissons-les donc aux gens de la ville. Nous ramasserons plutôt de quoi faire une bonne soupe, comme autrefois.

Personne ne sortait plus en mer,
même pour une promenade.
Les barques inutiles se desséchaient
au soleil, elles se remplissaient
de sable. Les hameçons,
les harpons rongés de rouille
tombaient en morceaux. Les filets
pourrissaient lentement
et les avirons servaient de piquets
pour attacher les cordes à linge.

– Que deviendra mon petit,
quand je serai morte ? s'inquiétait
parfois Cazel qui était très vieille.
– Nous nous en occuperons,
disaient Alnoo et les anciens
pêcheurs. La mer nous paie,
il ne manquera jamais de rien !

– Et l'amour, qui le lui donnera ?
– La mer ne nous paie pas pour cela,
répondit un homme
en haussant les épaules.
– Qu'en savez-vous ? s'écria Cazel.
Et puis, payer, c'est une idée
d'homme… Je crois que l'idée
de la mer, c'était plutôt
de remercier.

4. Les voleurs d'enfant

Cependant, au village
de Basseterre, un peu plus loin
sur la côte, les hommes continuaient
de sortir en mer par tous les temps,
de lancer les filets, de poser des lignes,
souvent pour rien.
Ils se demandaient d'où venait
la richesse de leurs voisins.
– Notre pêche est abondante
parce que nous travaillons beaucoup,
répondait Alnoo aux curieux.

Mais sa réponse n'expliquait pas
pourquoi, à Cap de Chien,
les poissons étaient si gros,
la friture si brillante,
la récolte entière si variée.

Un soir, trois hommes
de Basseterre se faufilèrent
parmi les maisonnettes
de Cap de Chien.
Ils chuchotaient pour se donner
du courage.
Ils avaient vu sur la plage
les barques penchées
comme dans un long sommeil,
ce qui prouvait que les pêcheurs
étaient dans leurs lits
et non point sur la mer.

– Alnoo a un secret, c'est certain.
Avez-vous vu ces embarcations
plus craquelées que de l'argile
au soleil ? Si elles naviguent
encore, c'est en rêve !
– Les filets n'ont même plus d'odeur !
– À mon avis, les gens d'ici
ont un trou magique à poissons,
où ils n'ont qu'à puiser.
– Il faut trouver ce trou.

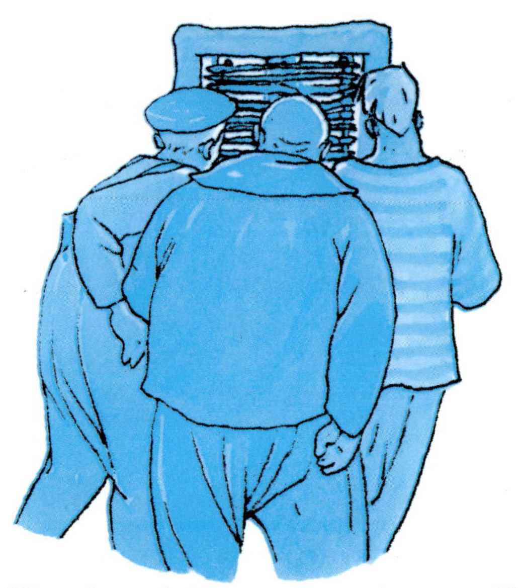

Ils cherchèrent dans les ruelles et sur la place du village, ils se glissèrent sans bruit dans les jardins, mais ils ne trouvèrent pas de trou magique.

Soudain, en passant, l'un des hommes regarda à travers les fentes d'un volet et il poussa une exclamation étouffée :

– Venez voir, vous autres !

Ses compagnons le rejoignirent et restèrent ébahis. À l'intérieur de la maisonnette, l'enfant de la mer jouait sur le sol. Sa peau d'argent brillait à la lueur de la lanterne. Il parlait d'une voix douce et, quand il riait, la nageoire de son dos se déployait comme une aile.

– C'est un poisson-garçon !

– Non, c'est un garçon-poisson !

– Poisson ou garçon, voici le secret de leur richesse, il faut le prendre ! décida l'un des hommes à voix basse.

Les deux autres firent oui de la tête. Alors, ils se précipitèrent ensemble dans la maison.

– Vieille, prête-nous ce petit sorcier : à Basseterre aussi nous voulons de beaux poissons…

– Jamais, dit Cazel.

– Nous te le rendrons plus tard, allons !

– Fado est mon enfant, vous ne l'aurez pas.

– Alors tant pis, la vieille, nous le prendrons quand même.

Cazel essaya de défendre Fado de toutes ses forces, mais que pouvait-elle contre trois hommes ?

Ils la repoussèrent et s'emparèrent de Fado qui se mit à pleurer. Puis ils dégringolèrent vers le rivage.

Celui qui portait l'enfant grogna :

– Il glisse comme un poisson entre les doigts !

– Ma mère ! cria Fado, ma mère !

– Mon fils, gémit Cazel en se pressant aussi vite qu'elle le pouvait sur ses vieilles jambes, derrière les ravisseurs.

– Mon fils ! gronda la mer,
de toute son eau en colère.

Et une vague haute, très haute,
se dressa, coupa la route aux voleurs.
Les hommes eurent si peur
qu'ils relâchèrent l'enfant.
Fado courut se réfugier dans les bras
de Cazel. Aussitôt la mer se calma,
elle retira sans violence
sa grande vague vers le large.

Les gens de Cap de Chien, alertés par le bruit, apparaissaient sur le sentier, et les trois pêcheurs de Basseterre s'en retournèrent chez eux, remplis de crainte.

5. Fado trouve une amie

Une fois, les enfants s'amusaient sur la plage. Ludie, la plus jeune des filles d'Alnoo, lança maladroitement le ballon : une vague l'entraîna, si bien qu'il s'éloigna sans que les enfants puissent le rattraper.

– C’est ta faute, Ludie,
va le chercher.
– Non, il est trop loin !
– Alors on ne joue plus avec toi.

Tandis que les autres remontaient au village, la fillette, les larmes aux yeux, s’assit sur le sable.

En regardant le large,
elle aperçut Fado. Il fendait l'eau
comme un trait d'argent.
– Fado ! cria-t-elle. Ramène-moi
le ballon !

Fado fit celui qui n'entendait rien,
mais il nagea vers le ballon,
le lança dans une vague
qui le lui rapporta et il recommença.
– Rends-le-moi, Fado !

Il n'écoutait pas, Ludie se mit
à pleurer.

L'enfant de la mer s'amusa
un moment encore,
enfin il revint au bord et dit :
– Que me donneras-tu
si je te le rends ?
– Je ne sais pas…
– Eh bien, ne me donne rien !
Tiens, le voilà !
– Je peux t'embrasser ? reprit Ludie.
– Pourquoi m'embrasserais-tu ?
Personne n'ose me toucher.
– Pour essayer.
– Essaie, alors, mais ne ris pas de moi
ensuite avec les autres.
– Je ne rirai pas.

Ludie prit l'enfant de la mer
par le cou et elle l'embrassa.

Fado avait la joue aussi douce et tiède que n'importe quel enfant du village. Ludie dit gentiment :

– À ton tour maintenant, embrasse-moi.

À partir de ce jour, Ludie
ne se moqua plus jamais de Fado.

On la voyait parfois attendre
sur le rivage le retour du garçon.
Il lui rapportait des coquillages
inconnus, des rameaux de corail.
Il lui racontait qu'il existait
au fond de la mer des plages
de sable fin sur lesquelles
personne ne marcherait jamais.

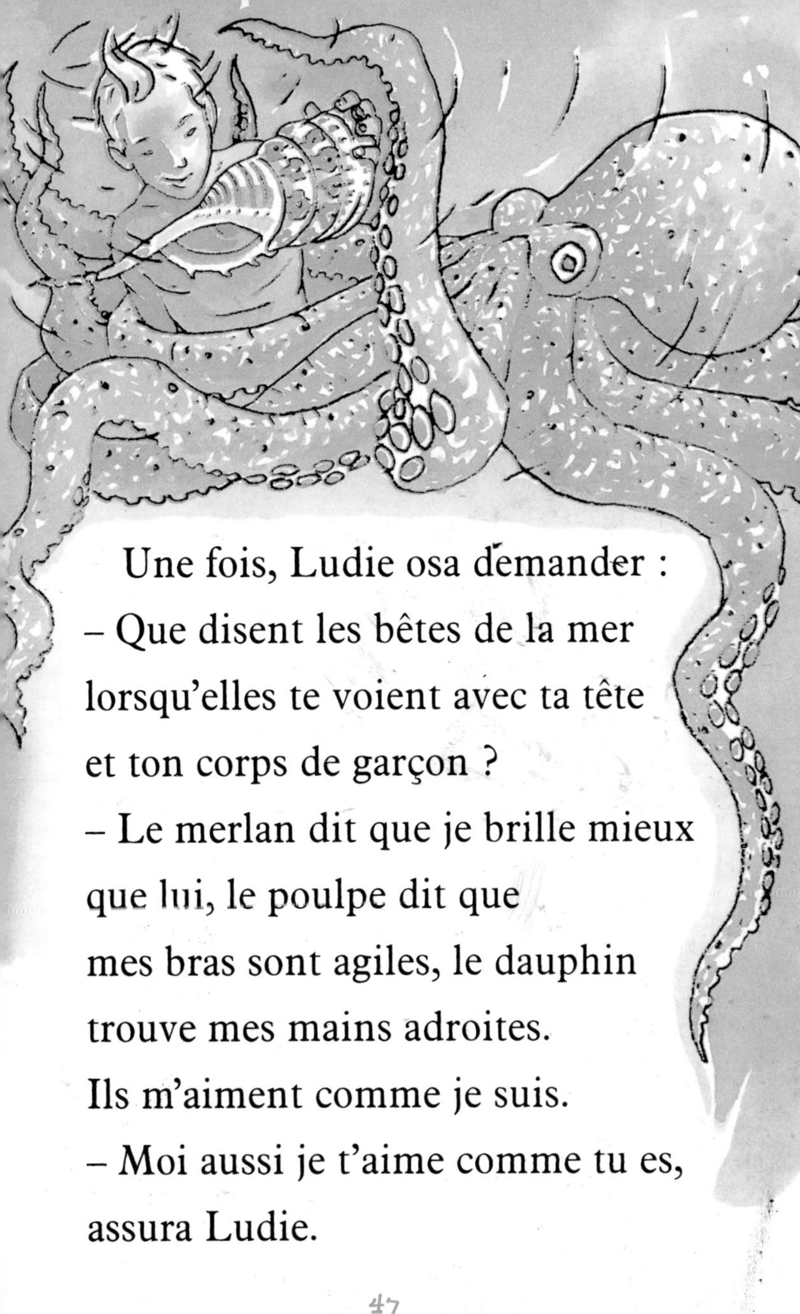

Une fois, Ludie osa demander :
– Que disent les bêtes de la mer lorsqu'elles te voient avec ta tête et ton corps de garçon ?
– Le merlan dit que je brille mieux que lui, le poulpe dit que mes bras sont agiles, le dauphin trouve mes mains adroites.
Ils m'aiment comme je suis.
– Moi aussi je t'aime comme tu es, assura Ludie.

Quand Fado eut quinze ans,
la vieille Cazel mourut
et il resta seul dans sa cabane.
Il trouva ses repas préparés
sur le pas de la porte,
des couvertures pour l'hiver,
du bois dans son bûcher
et tout ce dont il pouvait
avoir besoin. Tout, sauf l'amour
que lui portait Cazel.

Bien sûr il y avait Ludie,
mais Alnoo n'aimait pas le voir
avec elle.

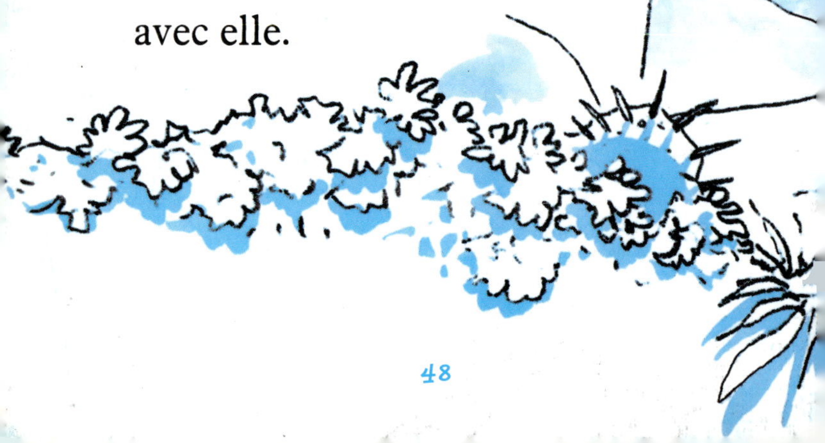

Dès qu'il les trouvait ensemble, il la rappelait.

– La mer n'est pas bonne pour les filles du rivage, qui n'ont ni nageoires ni palmes, disait-il, l'air mécontent.

Et Ludie suivait son père tristement.

6. Fado s'en va

Fado passa un hiver encore
au village et enfin,
un soir de printemps…

Les enfants jouaient sur le sable,
Alnoo et quelques autres
se promenaient le long de la plage.
L'air était doux.

Fado approcha de l'eau.
Il contempla les maisons serrées
là-haut, sur le grand rocher
à tête de chien, il regarda
autour de lui et, brusquement,
il se décida. Lorsqu'une vague
bien ronde se présenta, il sauta
à califourchon dessus.
Tout le monde put voir la vague
faire demi-tour et courir en direction
de l'horizon, emportant son cavalier.

Le lendemain matin, la plage resta vide, sans coquillages ni poissons.

– Que se passe-t-il ? s'étonnèrent les habitants du village.
Voici que la mer nous oublie !

– Pourquoi la mer donnerait-elle encore, puisque son fils est reparti ? fit remarquer Ludie.

– Tais-toi fillette, tu dis des bêtises, grogna Alnoo. La mer était sans doute occupée ailleurs, voilà !

Pourtant les jours
s'écoulèrent, et les semaines,
sans que le moindre poisson
vienne s'échouer sur le rivage :
la mer n'offrait plus rien.
– Qu'allons-nous devenir ?
se lamentèrent les vieux,
les moins vieux, qui avaient perdu
l'habitude de pêcher, et les jeunes,
qui ne l'avaient jamais eue.
Qu'allons-nous devenir ?
Nous sommes perdus !

– Mes amis, dit tristement Alnoo,
nous reconstruirons nos barques
et nous réapprendrons à travailler.
La vieille Cazel avait raison.
– Mais que disait-elle ?
demandèrent les pêcheurs.
– Elle disait : la mer
n'a pas besoin de nous
pour nourrir son fils,
elle veut seulement son bonheur,
qu'il apprenne à parler
et à aimer comme les hommes,
puisqu'il est aussi un petit homme…
Mais qui de nous a jamais serré
cet enfant dans ses bras,
qui l'a embrassé,
même une seule fois ?

Dans le silence général,
la voix de Ludie s'éleva :
– Moi, je l'ai embrassé,
et pas seulement une fois.
– Cela ne m'étonne pas !
s'écria Alnoo, honteux
que les autres aient entendu.

Les villageois ricanèrent :
– Te voilà bien avancée, fillette,
ton garçon-poisson s'en est allé,
il se moque bien de toi.
– Ce n'est pas vrai,
il est parti nous bâtir une île,
il viendra me chercher
quand elle sera terminée,
avec tout ce qu'il faut dessus.
– Assez de bêtises ! reprit Alnoo,
en colère. Le fils de la mer
est comme elle : un ingrat
sans mémoire. Il ne se souvient pas
davantage de toi que de nous.

La vie du village reprit
comme autrefois, comme si rien
d'extraordinaire n'était arrivé.

Parfois, pour se moquer,
les gens demandaient à Ludie :
– Alors, cette île ?
Elle souriait sans répondre.

Chaque soir, elle descendait sur la plage et regardait la mer. Chaque soir, une petite vague toute ronde venait déposer aux pieds de Ludie une perle aussi brillante qu'un œuf de lune ou une rose taillée dans un corail. Et, dans un ruissellement très gai, la vague disait :

– Je ne t'oublie pas.

L'auteur

Michel Grimaud n'existe pas...
C'est le pseudonyme choisi
par un couple, Marcelle Perriod
et Jean-Louis Fraysse,
pour signer les histoires
qu'ils écrivent ensemble.
Lorsqu'ils ne travaillent pas
à leur dernière œuvre, Michel
et Grimaud se dissocient parfois :
l'un taquine son ordinateur,
l'autre joue du piano.

L'illustrateur

Bruno Pilorget, est né en 1957 à Vannes. Après l'école, il aime toujours autant dessiner, alors il passe deux ans aux Beaux-Arts de Lorient, puis il se lance en autodidacte dans l'illustration.
Il a illustré près de 70 romans contes ou albums chez différents éditeurs. Après douze ans à Paris, il a choisi de revenir vivre avec sa femme, auteur-illustratrice, et ses deux garçons, près de la mer

Imprimé en Espagne par Brosmac S.L.
Dépôt Légal: 50466 août 2004